AF234167

Recueil

de

CANTIQUES

à l'usage

de

L'INSTITUTION St. LOUIS.

TOURS.

1857

N.º 1 — Consécration à Marie.

2

Elle aime à se voir entourée
De ses fidèles serviteurs
Ils ne l'ont jamais implorée
Sans se voir combler de faveurs.
   Reine &c...

3

Justes, son amour vous invite,
Votre mère vous tend la main;
Qu'à sa voix votre cœur palpite,
Venez reposer sur son sein.
   Reine &c...

4

Vous lui retracez le modèle
Et les traits de son fils Jésus;
De sa tendresse maternelle
Ah! pourriez-vous craindre un refus?
   Reine &c...

5

Vous tous qui répandez des larmes,
Venez, venez à ses genoux:
Elle calmera vos alarmes,
Et rendra votre sort plus doux.
   Reine &c...

6

Vous surtout, famille chérie,
Enfants, vous si chers à son cœur,
Venez à l'autel de Marie,
Venez chercher le vrai bonheur.
   Reine &c...

————————

N°2. Armons-nous.

2

Des sens la voix enchanteresse
Veut égarer notre raison ;
Leurs délices sont un poison,
Et la mort suit de près l'ivresse.
Armons nous &c...

3

La voix du monde nous convie
À ses plaisirs, à ses honneurs ;
Sacrifions ces biens trompeurs
Aux biens de l'éternelle vie.

Armons nous &c...

4

Du démon la voix menaçante
Rugit sans cesse autour de nous ;
L'homme de foi brave ses coups
Et rit de sa rage impuissante.

Armons nous &c...

5

Que craignez vous ? Jésus vous guide,
Rangez vous sous son étendard ;
Que l'ennemi lance son dard,
La croix vous servira d'égide.

Armons nous &c...

6

Bon courage, enfants de Marie !
Soyez fermes jusqu'à la mort.
Bientôt vous atteindrez le port :
À vous l'éternelle patrie.

Armons nous &c...

————————

L'encens divin.

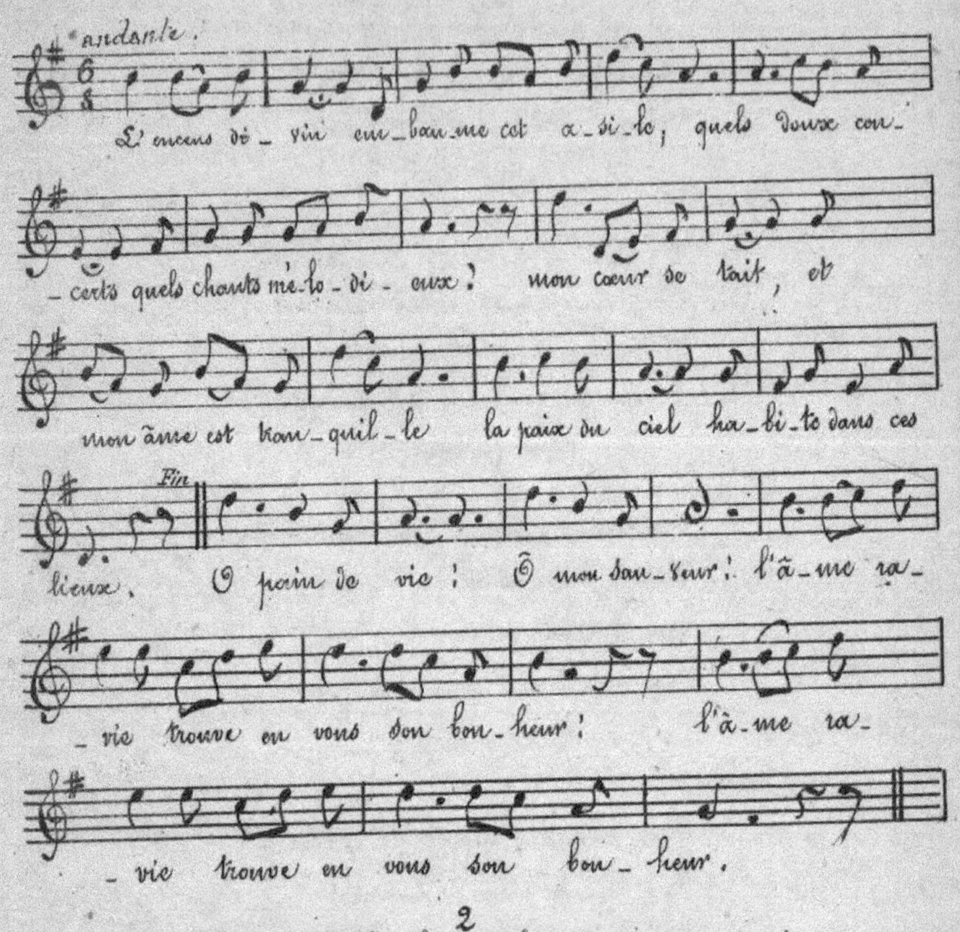

2

Pour embellir le temple de mon âme,
Le Très-haut daigne y fixer son séjour.
Je le possède, il m'inspire, il m'enflamme;
Je l'ai trouvé, je l'aime sans retour.
O pain de vie &c.....

3

Que votre joug, ô Jésus, est aimable!
Que vos attraits sont saints et ravissants!
Vous m'enivrez d'une joie ineffable,
Vous m'attirez par vos charmes puissants.
O pain de vie &c...

4

Que vous rendrai-je, ô Sauveur plein de charmes
Pour tous les dons que j'ai reçus de vous?
Prenez ce cœur et recueillez mes larmes,
Double tribut dont vous êtes jaloux.
O pain de vie &c...

5

Je l'ai juré, je vous serai fidèle;
Je vous promets un immortel amour,
Tant qu'à la nuit une aurore nouvelle
Succédera pour ramener le jour.
O pain de vie &c...

———————

Nº 4. Hommages à Marie.

2

Avec tous les chœurs des Anges,
Dans nos Cantiques joyeux,
Nous célébrons tes louanges,
Nous te présentons nos vœux;
Au nom si doux de Marie,
Tout sourit;
À ce nom l'âme ravie
S'attendrit.

3

De ses dons, riche parure
De la plaine et des coteaux,
Notre main à la nature
A dérobé les plus beaux.
Daigne, ô céleste princesse,
    accueillir
Ces fleurs que notre tendresse
    Vient t'offrir.

4

De nos cœurs touchante image,
A tes regards chaque fleur
Exprime dans son langage
De tes enfants la ferveur ;
Chaque fleur, ô tendre mère
    De Jésus,
Rappelle encore à la terre
    Tes vertus.

5

Tendre et bienfaisante mère,
Sur ton saint cœur obtiens-nous
L'amour qu'avait sur la terre
Le cœur de ton chaste époux.
Nous voulons, ô vierge aimable,
    Par ton cœur,
Aller au cœur adorable
    Du Sauveur.

———

N.º 5. Le monde en vain.

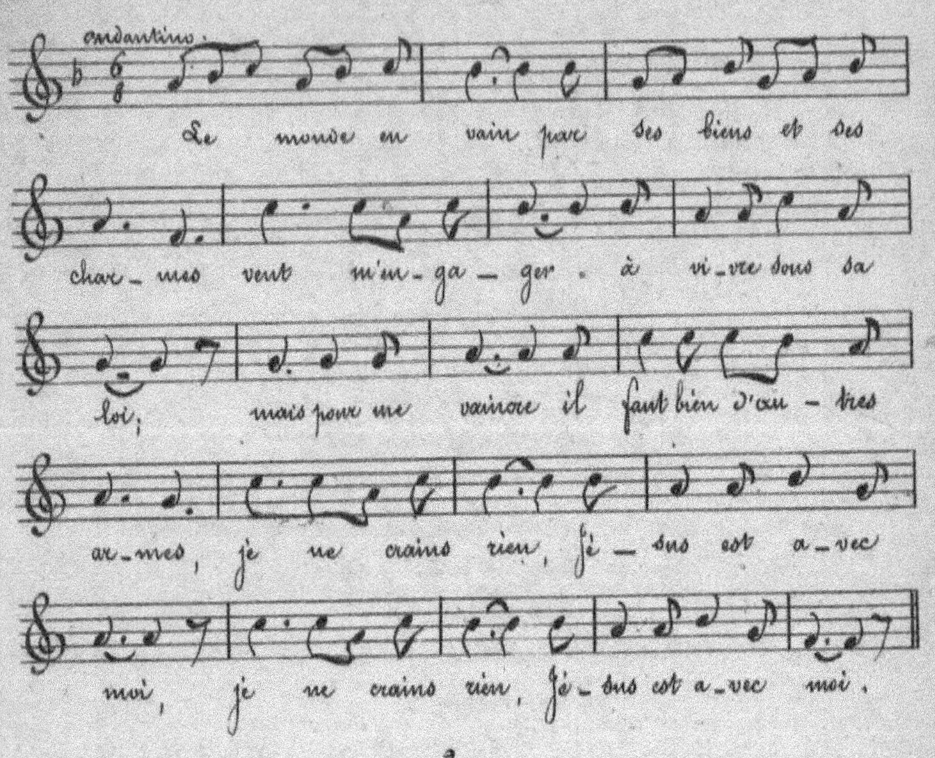

2

Venez, venez, fiers enfants de la terre,
Déchainez vous pour me ravir ma foi,
Quand de concert vous me feriez la guerre
Je ne crains rien &c...

3

Cruel satan, arme toi de ta rage,
Que tes démons se liguent avec toi :
Tu ne pourras abattre mon courage
Je ne crains rien &c...

4

Non, non, jamais la mort la plus cruelle
Ne me fera trahir ce divin roi ;
Jusqu'au trépas je lui serai fidèle
Je ne crains rien &c...

5

Que les enfers, les airs, la terre et l'onde
Conspirent tous pour me remplir d'effroi,
Quand je verrais crouler sous moi le monde
Je ne crains rien &c...

6

Divin Jésus, mon unique espérance !
Vous pouvez tout ; Oui, Seigneur, je le crois,
Mon cœur en vous est plein de confiance,
Je ne crains rien &c...

———

Nᵒ 6. Serment à Marie.

2

Là nous prions pour tous nos frères,
Présents, absents et voyageurs.
Là nous te disons nos misères,
Et toi-même sèches nos pleurs.

3

Ici nous formons ta couronne,
Puissions nous la former un jour !
Et dans le ciel, bonne madone,
T'aimer ensemble sans retour.

4

Auprès de toi, Vierge Chérie,
Tu nous vois tous à ton autel :
Auprès de toi, tendre Marie,
Rassemble-nous tous dans le ciel.

5

Oui, toujours nous serons fidèles
Ô Vierge mère, à nos serments :
Toujours, à l'ombre de tes ailes,
Nous voulons rester tes enfants.

Nᵒ 7.   Noël.

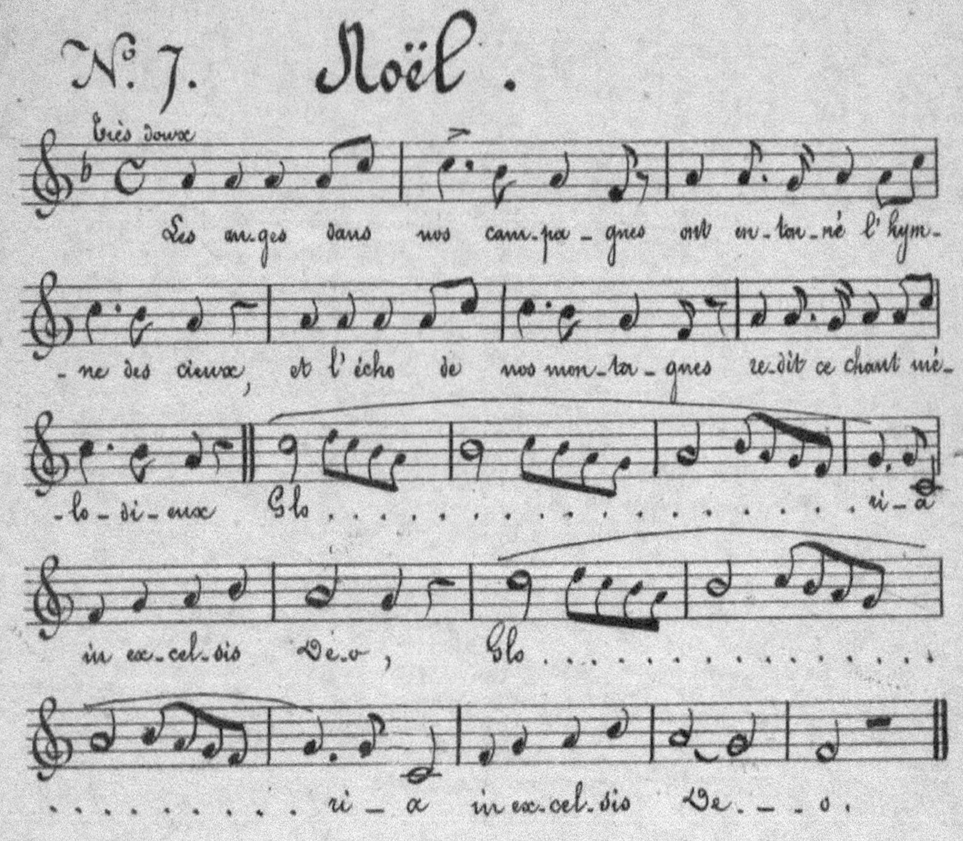

2

Bergers pour qui cette fête ?
Quel est l'objet de tous ces chants ?
Quel vainqueur ? quelle conquête ?
Mérite ces cris triomphants ?
Gloria.........

2

Ils annoncent la naissance
Du libérateur d'Israël ;
Et pleins de reconnaissance
Chantent en ce jour solennel
Gloria . . . . . .

4

Dans l'humilité profonde
Où vous paraissez à nos yeux,
Pour vous louer, Roi du monde,
Nous redirons ce chant joyeux :
Gloria . . . . . .

5

Toujours remplis du mystère
Qu'opère aujourd'hui votre amour,
Notre devoir sur la terre
Sera de chanter chaque jour
Gloria . . . . . .

Nᵒ 8. Faibles mortels.

Relevez-vous, tribus lointaines,
Peuples vaincus, brisez vos fers,
Soyez heureux, brisez vos chaînes,
De Satan fuyez les rigueurs.
Il s'est levé le jour de gloire;
Vos soupirs - ont fléchi les cieux.
Marie, ô frères malheureux,
Se montrera pour nous reine de la victoire.
            Toujours &...

Et vous, esclaves de la terre,
Déplorez enfin votre sort;
Ouvrez les yeux à la lumière,
Sortez des ombres de la mort.
Unissez vous à notre gloire,
Venez partager nos combats;
Marie, aise, soutient nos pas;
Elle est, vous le savez, reine de la victoire
            Toujours &...

Sainct étendard de notre mère,
Nous en faisons le doux serment
Nous te suivrons dans la carrière,
Unis jusqu'au dernier moment;
Et quand viendra le jour de gloire,
Marie entendra les vainqueurs,
Autour de toi formant leurs chœurs,
La proclamer encor reine de la victoire
            Toujours &...

1. Regrets du pêcheur.

2.
Ah! dans cette saison
Où ma raison
Devait te suivre,
J'errais des jours entiers
Dans de honteux sentiers
Comment à mes malheurs m'as-tu laissé survivre
Pardon &...

3.

Tu me disais souvent:
Viens mon enfant,
Ma voix t'appelle;
J'allais à mes plaisirs,
Au gré de mes désirs;
Et tu pus si longtemps souffrir un fils rebelle
Pardon ô...

4.

Je pouvais bien périr
Sans recourir
À ta Clémence,
J'allais traîner mes fers
Dans le fond des enfers;
Comment porter alors le poids de ta vengeance?
Pardon ô...

5.

Plus juste désormais,
Et pour jamais
Brebis fidèle,
Je vivrai dans les pleurs,
Dans les saintes rigueurs,
Heureux si je parviens à la gloire immortelle.
Pardon ô...

Nº 10. Reviens pêcheur.

2.
Pour t'attirer ma voix se fait entendre
Sans me lasser partout je te poursuis.
D'un Dieu pour toi, le père le plus tendre,
J'ai les bontés, ingrat et tu me fuis (bis)

3

Attraits, frayeur, remords, secret langage,
Qu'ai-je oublié dans mon amour constant ?
Ai-je pour toi pu faire davantage ?
Ai-je pour toi du même faire autant. (bis)

4

Si je suis bon faut-il que tu m'offenses ?
Tout méchant cœur s'en prévaut chaque jour,
Plus de rigueur vaincrait tes résistances,
Tu m'aimerais, si j'avais moins d'amour (bis)

5

Ta courte vie est un songe qui passe,
Et de ta mort le jour est incertain ;
Si j'ai promis de te donner ta grâce,
T'ai-je promis jamais le lendemain ? (bis)

6

Le ciel doit-il te combler de délices,
Dans le moment qui suivra ton trépas ?
Ou bien l'enfer t'accabler de supplices ?
C'est l'un des deux ; et tu n'y penses pas. (bis)

―――――

Nº 11. O bonne Madone.

2.
Pour toujours mon âme s'enflamme,
Et réclame ton secours.
En ce jour &c . . .

3ᵉ

Si mon cœur, Ô mère si chère,
Peut te plaire, Quel bonheur !
En ce jour ℔. . . .

4ᵉ

O pécheur, la bonne Madone
Te pardonne de bon cœur.
En ce jour ℔. . . .

5ᵉ

Qu'à jamais mon âme s'enflamme
Et proclame tes bienfaits
En ce jour ℔. . . .

Nº 12. Hommage à la Croix.

2ᵉ

Chrétiens, d'une vaine terreur
Serons-nous toujours la victime ?
Qu'il soit banni de notre cœur
Le tyran cruel qui l'opprime.
Bravons &c...

3°

Partout flottent les étendards
Qu'arbore à nos yeux la licence ;
Faisons briller à ses regards
La bannière de l'innocence.
Bravons &...

4°

Tout chrétien doit être un soldat
Rempli d'ardeur, né pour la gloire ;
Quand son chef le mène au combat
Tremblant, il fuirait la victoire !
Bravons &...

5°

Seigneur ton camp sera le mien ;
Tant qu'il coulera dans mes veines
Quelques gouttes de sang chrétien,
Monde, tes menaces sont vaines.
Bravons &...

6°

Divin Roi, jusqu'à mon trépas
Mon cœur te restera fidèle ;
Puisse la croix, guidant mes pas,
Me voir tomber, mourir près d'elle
Bravons &...

Nᵒ 13. Quel doux spectacle !

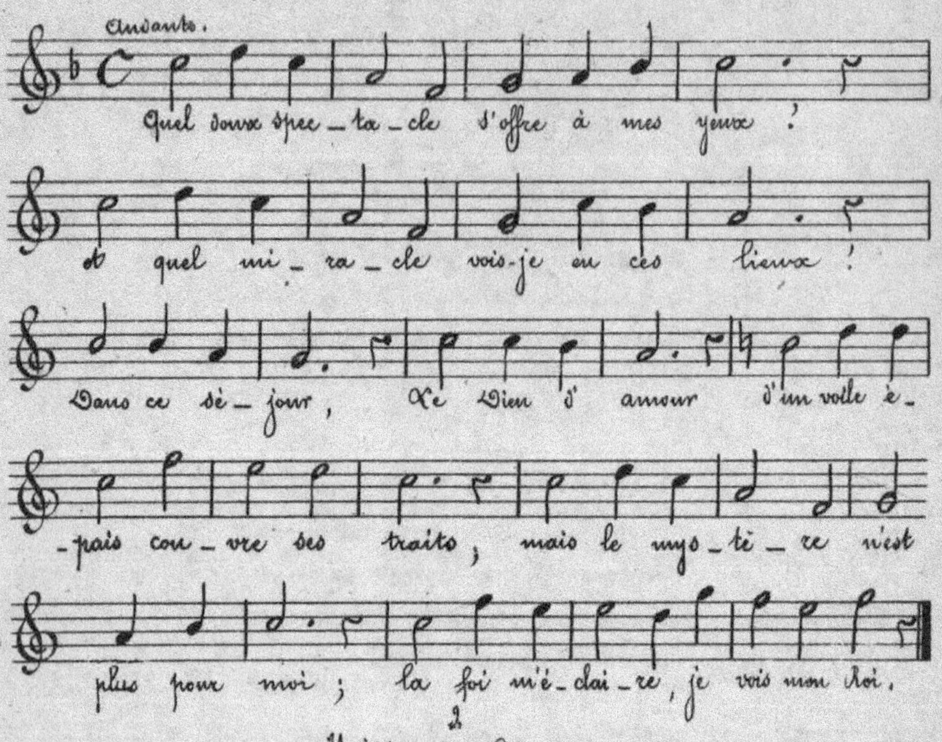

2
Unissez, Anges,
Vos saints transports
Et vos louanges
A nos accords ;
Mortels, nos chants
Si languissants
Sauraient trop peu
Louer un Dieu.
Que tout publie
Ses grands bienfaits,
Puisqu'il oublie
Tous nos forfaits.

3e

Bonté suprême,
Combler nos vœux
Daigner vous-même
Nous rendre heureux.
Sur vos enfants
Reconnaissants,
Verser, Seigneur,
Quelque faveur.
Pleins d'espérance
Nous prions tous :
Dieu de clémence,
Bénissez-nous.

Nº 14. Salut ô Vierge immaculée.

2.

Heureux l'enfant qui se confie
En tes maternelles bontés !
Il ne craint ni l'onde en furie,
Ni l'effort des vents irrités (Chœur)

3

Conduis au port notre nacelle,
Malgré les vents, malgré les flots,
Préserve-la, Vierge fidèle,
De l'écueil caché sous les eaux (Chœur)

4

Veille sur nous, tendre Marie,
Surtout à l'heure du trépas,
Fais qu'en la céleste patrie
Ton fils nous reçoive en ses bras. (Chœur)

———

Nᵒ 15. Mon doux Jésus.

2.

Puisqu'un pécheur vous a coûté si cher,
Faites-lui grâce, il ne veut plus pécher.
Ah! ne perdez pas, cette fois
La Conquête admirable
De votre Croix (bis)

3.

Enfin, mon Dieu, nous sommes à genoux
Pour vous prier de nous pardonner tous.
Pardonnez-nous, Ô Dieu clément !
Lavez-nous de nos crimes
Dans votre Sang. (bis)

Nº 16. Noël.

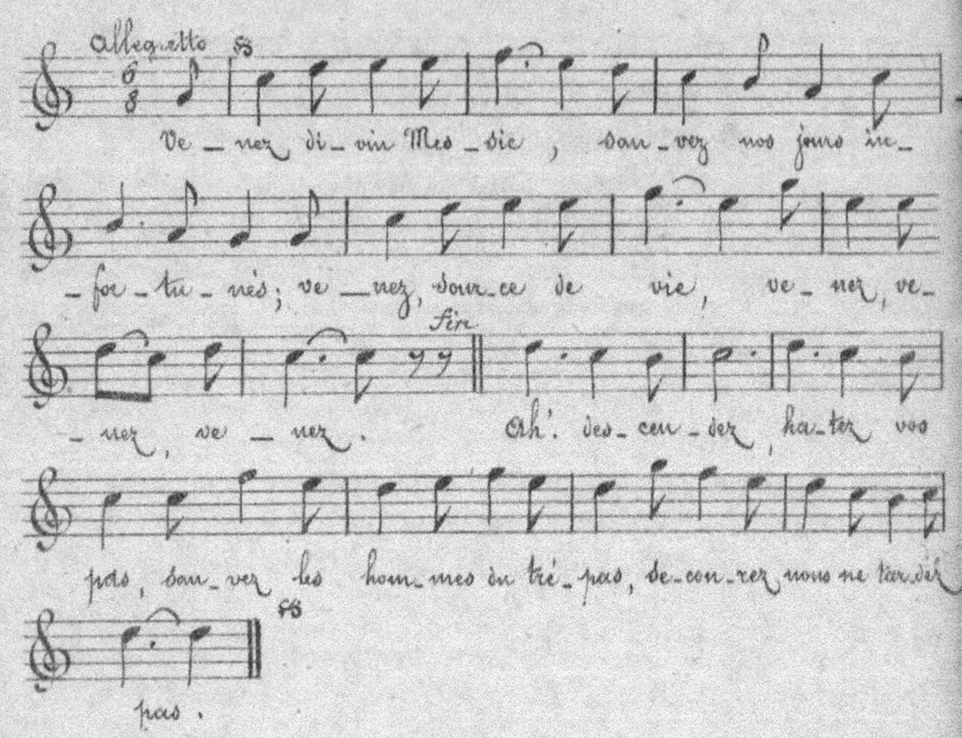

2.

Ah ! désarmez votre Courroux ;
Nous soupirons à vos genoux
Seigneur nous n'esperons qu'en vous.
Pour nous livrer la guerre
Tous les enfers sont déchainés
Descendez sur la terre, Venez, venez, venez.

3

Que nos soupirs soient entendus
Les biens que nous avons perdus
Ne nous seront-ils point rendus ;
    Voyez couler nos larmes
Grand Dieu si vous nous pardonnez,
Nous n'aurons plus d'alarmes ; Venez, venez, Venez.

4

Ah ! puissions-nous chanter un jour
Dans votre bienheureuse cour
Et votre gloire et votre amour.
    C'est là l'heureux partage
De ceux que vous prédestinez ;
Donnez-nous-en un gage ; Venez, venez, Venez.

———

№ 17. Noël.

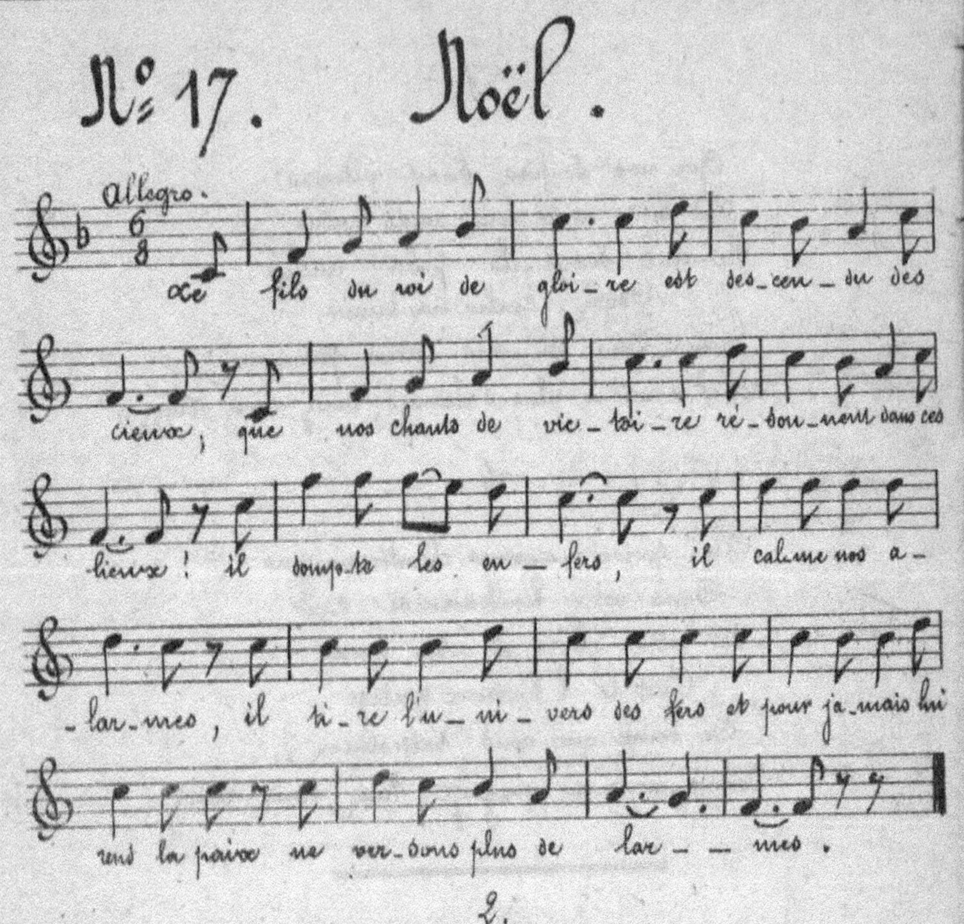

2.

L'amour seul l'a fait naître
Pour le salut de tous:
Il fait par la connaître
Ce qu'il attend de nous.
Un cœur brûlant d'amour
Est le plus bel hommage;
Faisons lui tour_à_tour
La cour:
Dès aujourd'hui
N'aimons que lui
Qu'il soit mon seul partage.

3.

Vains honneurs de la terre,
Je veux vous oublier ;
Le maître du tonnerre
Vient de s'humilier ;
De vos trompeurs appas
Je saurai me défendre,
Allez, n'arrêtez pas
Mes pas,
Monde flatteur,
Monde enchanteur,
Je ne veux plus t'entendre.

4.

Régnez seul en mon âme,
O mon divin époux !
Ne souffrez point de flamme
Qui ne s'adresse à vous.
Que voit-on dans ces lieux,
Que misère et bassesse
Ne portons plus nos yeux
Qu'aux cieux ;
A votre loi,
Céleste Roi,
J'obéirai sans cesse

Nᵒ 18. Au Dieu d'amour.

2.

L'autel est son trône de grâce,
Il y règne au milieu de nous;
Son divin Coeur ouvert à tous
Nous attend pour y prendre place.

3.

Près de nous sa vive tendresse
Le retient la nuit et le jour ;
A lui faire souvent la cour
N'est il pas juste qu'on s'empresse
    Non, non, non &c...

4.

Dans nos travaux, dans nos misères,
Il est le Dieu consolateur ;
Et dans ses regrets, le pécheur
Trouve en lui le meilleur des pères.

5.

Pleins d'une douce confiance
Prosternons-nous à son autel
Et qu'un dévouement éternel
Trouve notre reconnaissance.
    Non, non, non, &c...

N.º 19. D'une mère chérie.

2.

Modeste créature
Elle plût au Seigneur
Et Vierge toujours pure
Enfanta le Sauveur.

3.

Nous étions la conquête
Du tyran des enfers
En écrasant sa tête
Elle a brisé nos fers.

4.

Elle est notre défense
Contre un juge irrité
La timide innocence
Sourit à sa bonté.

5.

Que l'espoir se relève
En nos cœurs abattus
Par cette nouvelle Ève
Les cieux nous sont rendus.

6.

O Marie, o ma mère
Prenez soin de mon sort
C'est en vous que j'espère
A la vie à la mort.

7.

Obtenez nous la grâce
A notre dernier jour
De vous voir face à face
Au céleste séjour.

———

Nº 20. Enfants, venez à Marie.

2.

Par un coupable délire
L'impie a dit en fureur :
Pour régner, il faut détruire,
Semons partout la terreur :
Que l'innocence
Soit muette sous nos coups !
Méchants ! que prétendez-vous ?
Marie prendra notre défense.
Ô notre mère ℬ...

3.

En ce jour, douce Marie,
Nous nous consacrons à vous,
Pour vous demander la vie,
Nous sommes à vos genoux.
Sous votre empire
Nous nous rangeons pour jamais,
Et comblés de vos bienfaits,
Nous ne cesserons de redire :
Ô notre mère ℬ...

Nº 21. Vive Jésus; vive sa Croix.

2.

Vive Jésus, vive sa croix;
C'est l'étendard de sa victoire;
Par elle il nous donna des lois,
Par elle il entra dans sa gloire
Chrétiens chantons &c.

3.

Vive Jésus, vive sa croix,
De tous nos biens source féconde;
Qui, dans le Sang du Roi des rois
A lavé les péchés du monde.
Chrétiens chantons &.

4.

Vive Jésus, vive sa croix,
La chaire de Son éloquence;
Où me prêchant ce que je crois
Il m'apprend tout par Son Silence.
Chrétiens chantons &.

5.

Vive Jésus, vive sa croix,
Prenons-la pour notre partage;
Ce juste, cet aimable choix
Conduit au céleste héritage.
Chrétiens chantons &.

———————

N.º 22. La sainte paix.

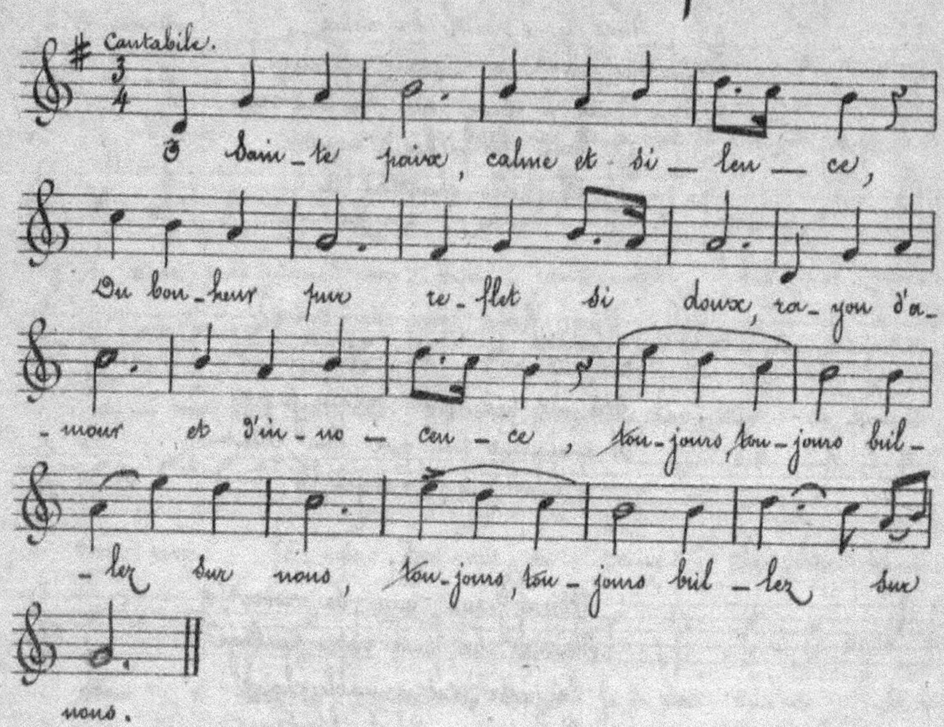

2.

Que le parfum de nos prières,
Que les élans de notre cœur,
Que nos esprits, que nos lumières
Soient un seul hommage au Seigneur.

3.

Il est si bon, si tendre père,
Son nom console tant de maux :
C'est en lui que tout homme espère ;
C'est lui qui bénit nos travaux.

4.

O douce paix, sainte espérance,
La vie est le chemin des Cieux,
Le Voyageur dans l'innocence
Y coule des jours précieux.

5.

Et si parfois la nuit s'élève,
S'il voit l'orage aux flots amers,
Il sait un abri sur la grève:
Marie est l'étoile des mers.

6.

O nom divin! douce Marie,
Quel hymne s'achève sans vous?
Devant Dieu quand notre âme prie,
C'est votre cœur qui vient à nous.

Nº 23. Clôture d'une retraite.

2.

Il faut dans un noble combat
Pour vous, Seigneur que je m'engage;
Vous m'avez fait votre Soldat
Vous m'en donnerez le Courage.
Vive Jésus &c.

3.

Du salut le règne sacré
Arme mon front pour ma défense;
Devant lui l'enfer conjuré
Perdra sa funeste puissance
Vive Jésus &c.

4.

Le mépris d'un monde insensé
Pourrait-il m'alarmer encore?
Loin de m'en trouver offensé
Je sens aujourd'hui qu'il m'honore.
Vive Jésus &c.

5.

Seigneur, à vos aimables lois
Le grand nombre serait rebelle
Que mon cœur constant dans son choix
Vous serait encor plus fidèle
Vive Jésus &c.

6.

Chrétiens ranimons notre ardeur
Contemplons la palme immortelle;
Le ciel la promet au vainqueur,
Combattons et mourons pour elle
Vive Jésus &c.

Nº 24. Le ciel est ma patrie.

2.

Jésus est mon ami, dans une étable obscure
Pauvre ignoré, souffrant, il naquit autrefois;
Le fils de l'Éternel, revêtant ma nature,
M'adopta pour son frère et me transmit ses droits
Le ciel est ma patrie &c.

3.

Avant de consommer son douloureux mystère,
Jésus voulut me faire un don digne de lui;
N'ayant plus d'autre bien, il me donne sa mère:
Voilà, voilà pourquoi je répète aujourd'hui:
Le ciel est ma patrie &.

4.

Jésus meurt; mais des siens une foule assemblée
Le vit un jour au Ciel s'élever triomphant:
Bientôt auprès de lui Marie est appelée,
Et moi je reste seul: je reste et cependant:
Le Ciel est ma patrie &.

5.

Ah! quand viendra le jour où loin de cette terre
Aussi moi vers le ciel je prendrai mon essort!
Jour heureux, hâte-toi; viens m'unir à ma mère!
Viens m'unir à Jésus, et qu'auprès d'eux encor
Je chante en ma patrie &.

N.º 25. Grâce, grâce, Seigneur!
grâce, grâce, Sei - gneur, ar - rê - te tes ven-
gean - ces, et dé-tourne un mo-ment tes re - gards ir-ri-
tés; j'ai pé - ché, mais je pleure; op-pose à mes of-
fen - ses, op pose à leur gran - deur cel-
le de tes bon - tés. Je sais tous mes for-
faits, j'en con - nais l'é-ten - due: en tous lieux, à toute
heure, ils par-lent con-tre moi; par tant d'ac-cu - sa - teurs mon
â - me con - fon - due me pré-tend pas contre
eux dis pu ter de vant toi, dis pu ter de vant toi.

2.

De tant d'iniquités la foule m'environne :
Fils ingrat, cœur perfide, en proie à mes remords,
La terreur me saisit, je tremble, je frissonne ;
Pâle et les yeux éteints, je descends chez les morts (Bis)
        Grâce, grace &.

3.

Dans les gémissements, l'amertume et les larmes,
Je repasse des jours perdus dans les plaisirs ;
Et voilà tout le fruit de ces jours pleins de charmes :
Un souvenir affreux, la honte et les soupirs (Bis)
        Grâce, grâce &.

4.

Ces soupirs devant toi sont ma seule défense ;
    Par eux un Criminel espère t'attendrir.
N'as-tu pas un trésor de grâce et de clémence ?
Dieu de miséricorde, il est temps de l'ouvrir.
        Grâce, grâce &.

5.

Je me jette à tes pieds, ô croix, Chaire sublime,
D'où l'homme de douleur instruit tout l'univers ;
Saint autel où l'amour embrase la victime
Arbre où mon Rédempteur a suspendu mes fers.
        Grâce, grace &.

____

No. 26. Sub tuum.
Andantino.
Sub tu_um prae_si_di_um con_fu_gi_mus, con_
fu_gi_mus Sanc_ta De_i ge_ni_
_trix Sanc_ta De_i ge_ni_trix, nos_tras
de_pre_ca_ti_o_nes ne des_pi_ci_as
ne des_pi_ci_as in ne_ces_si_ta_ti_bus sed a pe_
_ri_cu_lis Cunc_tis li_be_ra_nos sem_
per, li_be_ra_nos sem_per, vir_go glo_ri_
_o_____sa vir_go be_ne_dic_
_ta, vir_go glo_ri_o__sa, vir_go be_ne_dic_ta.

№ 27. O Sanctissima.

Nº 28. Ouverture du mois de Marie.

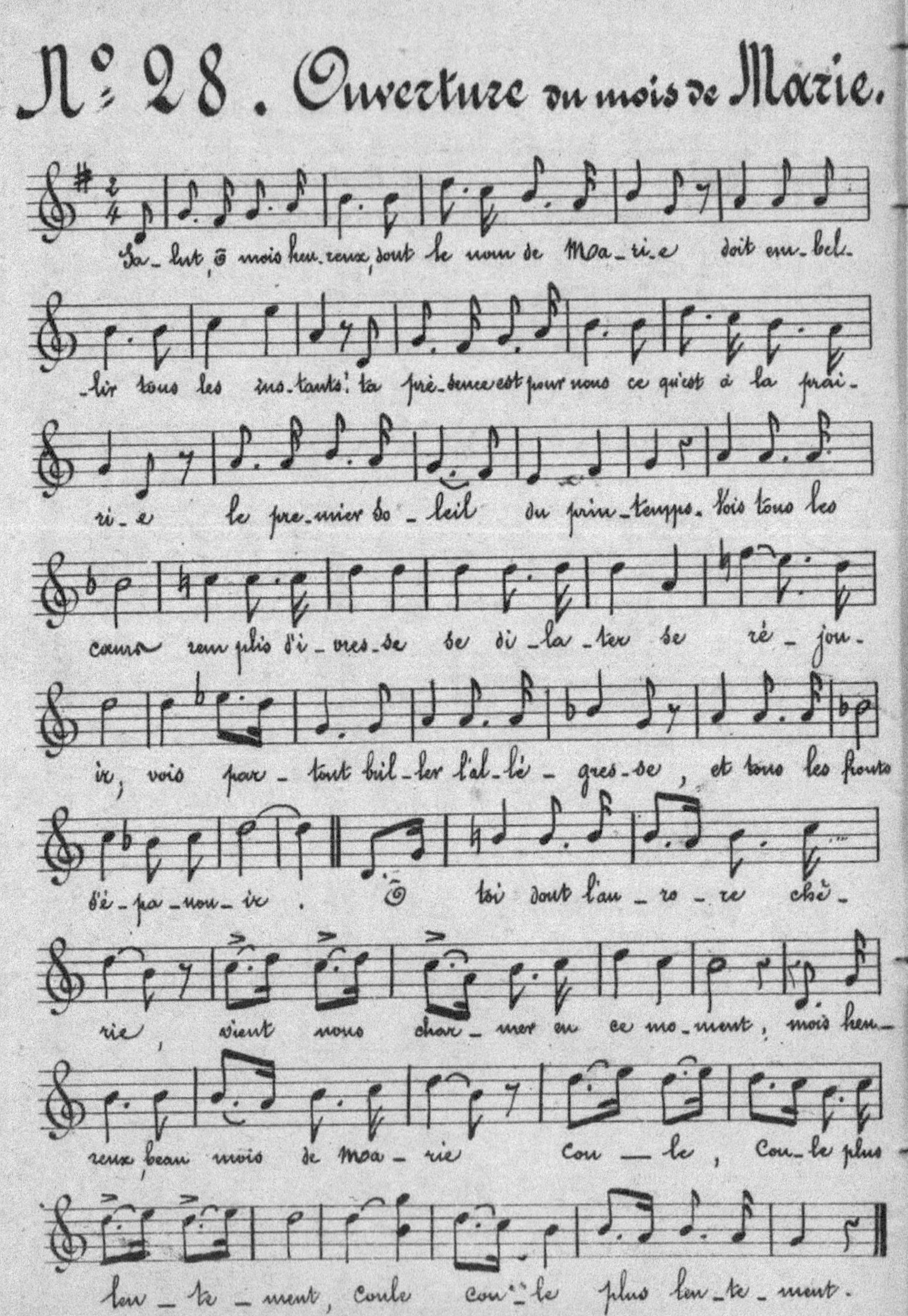

2.

Que le ciel en ce jour, versant sur la nature
    Des parfums les plus précieux,
Se plaise à prodiguer les fleurs et la verdure :
    Notre mère est Reine des cieux.
    Oui, qu'à la louer tout conspire ;
    Que tout s'accorde à l'exalter !
    Tout l'univers est son empire ;
    Tout l'univers doit la fêter :
        Ô toi dont l'aurore &c.

3.

Et vous, enfants pieux, qui dans cette chapelle
    Viendrez désormais chaque jour
Présenter votre hommage à la Vierge fidèle
    Et former sa modeste cour,
    Ô vous qui désirez lui plaire
    Par votre saint empressement,
    De son aimable sanctuaire
    Soyez le plus bel ornement.
        Ô toi dont l'aurore &c.

4.

Aux fleurs que le printemps sème sur son passage
    Joignez les fleurs de vos vertus,
Ce sont là les présents qu'elle attend de votre âge,
    Et les fleurs qu'elle aime le plus.
    Donnez tous vos cœurs à Marie
    Chantez tous son nom glorieux
    Et de vos chants que l'harmonie
    Monte avec elle jusqu'aux Cieux.
        Ô toi dont l'aurore &c.

Nº 29. Vierge dont les anges chantent les grandeurs

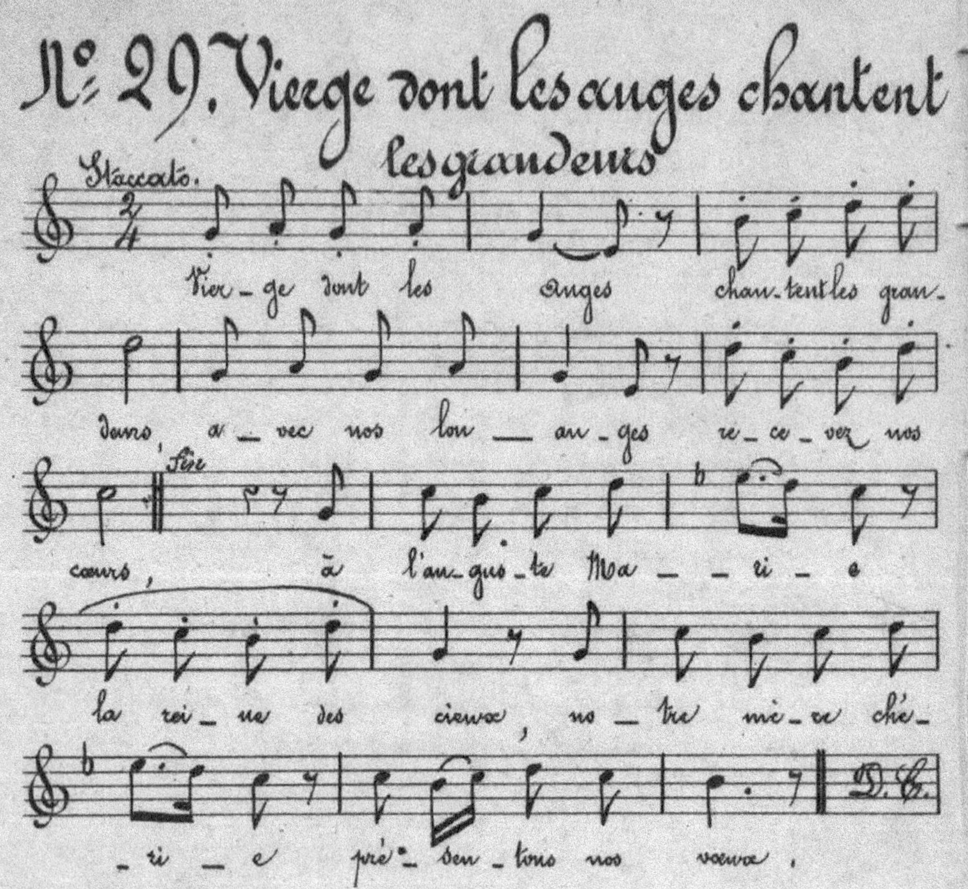

2.

L'Ange à ses pieds s'incline,
Joyeux la bénit;
De sa reine divine
L'éclat le ravit.
Vierge ℔..

3.

A celui qui l'implore
Elle ouvre son cœur
Et l'âme qui l'honore
Goûte le bonheur.
Vierge &c..

4.

Sa main répand sans cesse
Des bienfaits touchants
Bénissons sa tendresse
Dans nos humbles chants.
Vierge &c..

Nº 30. Le pêcheur à Marie.

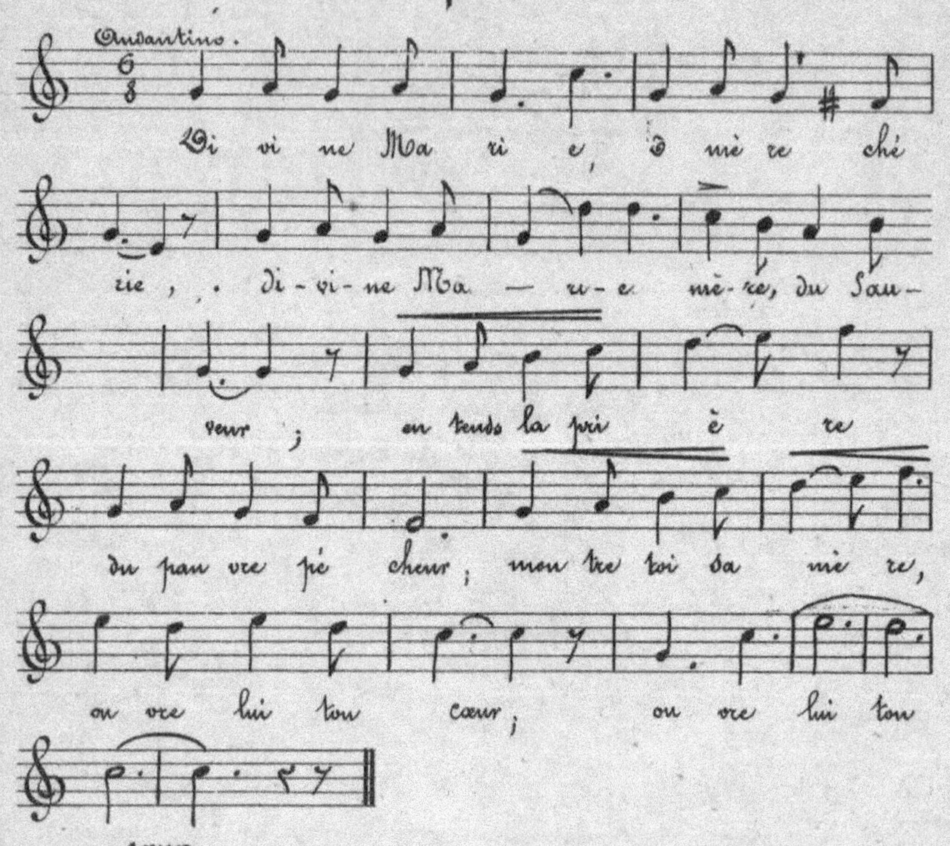

2.

Mère toujours bonne,
Au méchant pardonne ;
Mère toujours bonne,
Rends-le ton enfant.
Dans ton cœur, l'asile
Du vrai pénitent
L'âme est si tranquille
Le cœur si content.

3.

L'enfer dans sa rage,
Fait gronder l'orage,
L'enfer dans sa rage
Rugit à l'entour.
Ah ! que craindrait-elle
Sure en ce séjour,
L'âme que, fidèle,
Garde ton amour ?

4.

Une paix profonde,
A l'abri du monde,
Une paix profonde,
Voilà son bonheur.
Oui sous tes auspices
Reine de mon cœur
Tous les sacrifices
N'offrent que douceur.

Nº 31. Je mets ma confiance.

2.

À votre bienveillance,
Ô Vierge, j'ai recours ;
Soyez mon assistance
En tous lieux et toujours ;
Vous même êtes ma mère,
Jésus est votre fils ;
Portez lui la prière
De vos enfants chéris.

3.

Sainte Vierge Marie,
Asile des pécheurs,
Prenez part, je vous prie,
À mes justes frayeurs.
Vous êtes mon refuge;
Votre fils est mon Roi,
Mais il sera mon juge;
Intercéder pour moi.

4.

Ah! soyez moi propice,
Quand il faudra mourir:
Apaisez sa justice,
Je crains de la subir.
Mère pleine de zèle,
Protéger votre enfant;
Je vous serai fidèle
Jusqu'au dernier instant.

5.

Voyer couler mes larmes,
Mère du bel amour,
Finisser mes alarmes,
Dans ce triste séjour;
Venez rompre ma chaîne,
Je veux aller à vous;
Aimable souveraine,
Régner, régner sur nous.

Nᵒ 32. Actions de grâces.

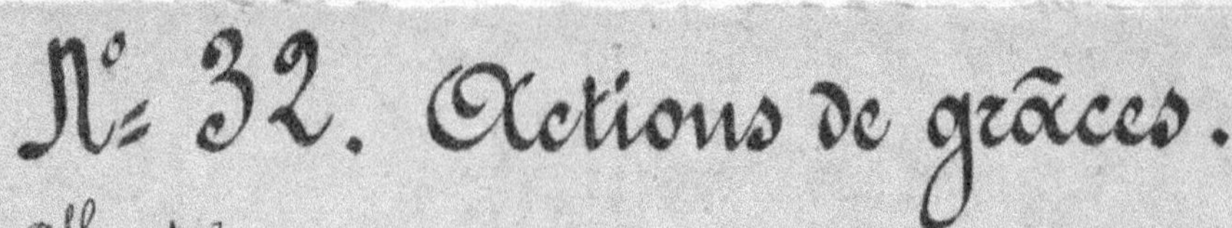

2.

C'est un bien tendre père,
Plein de bonté pour nous;
Il nous supporte tous,
Malgré notre misère.
Bénissons &c.

3.

Comme un pasteur fidèle
Sans craindre le travail,
Il ramène au bercail
Une brebis rebelle
Bénissons &c.

4.

Il me comble à toute heure
De grâce et de faveur;
Dans le fond de mon âme
Il a pris sa demeure.
Bénissons &c.

5.

Son cœur sera sans cesse
Ma force et mon appui;
Je me consacre à lui;
Son tendre amour me presse.
Bénissons &c.

6.

Ma devise chérie,
Ma gloire et mon bonheur,
Seront d'être au Seigneur
Pendant toute ma vie.
Bénissons &c.

Nº 33. St. Louis de Gonzague.

2.

Astre brillant dès son matin
Son lever n'a point eu d'aurore;
Et Dieu le conduit par la main,
Astre brillant dès son matin,
Bientôt il touche à son déclin,
Plus grand, plus radieux encore

3.

Pour lui tout n'est que vanité ;
Il foule aux pieds le diadème :
Jeunesse, esprit, talents, beauté,
Pour lui tout n'est que vanité ;
    Son unique félicité
Est de jouir du Dieu qu'il aime.

4.

Monter au ciel, enfant d'amour,
    Aller régner avec les anges :
    Quitter ce terrestre séjour ;
Monter au ciel, enfant d'amour :
    Que les mortels en ce beau jour
    Célèbrent partout vos louanges.

5.

Aimable Saint, priez pour nous ;
Obtenez qu'en suivant vos traces,
Au ciel nous montions après vous ;
Aimable Saint, priez pour nous :
Nous implorons à vos genoux
Le secours des célestes grâces.

Nº 34. Jésus mon espérance.

2.

Jésus, enfant céleste,
Des bergers du hameau (Bis)
À tes pieds c'est la troupe modeste
Que l'amour conduit à ton berceau.

3.

Ils savent que les anges
Ont chanté: Gloire à Dieu (Bis)
Et leur cœur est l'écho des louanges
Que le ciel exhale dans ce lieu.

4.

Ils n'offrent pas l'hommage
De l'or ni de l'encens (Bis)
La foi du simple est tout leur héritage
C'est leur cœur qu'ils donnent pour présents.

5.

De l'enfant adorable
Ils contemplent les traits (Bis)
Et sur eux le Sauveur tout aimable
De sa main répand les doux bienfaits.

6.

Qui pourra reconnaître
Dans l'ombre sa splendeur (Bis)
Dans l'oubli le Seigneur et le maître,
Sur la paille, un Dieu même, un Sauveur?

7.

Vierge auguste et chérie,)
Mère du Dieu Sauveur (Bis)
En ce jour le plus beau de ta vie
À Jésus daigne offrir notre Cœur.

____

N:º 35. Hymne à la sainte Vierge.

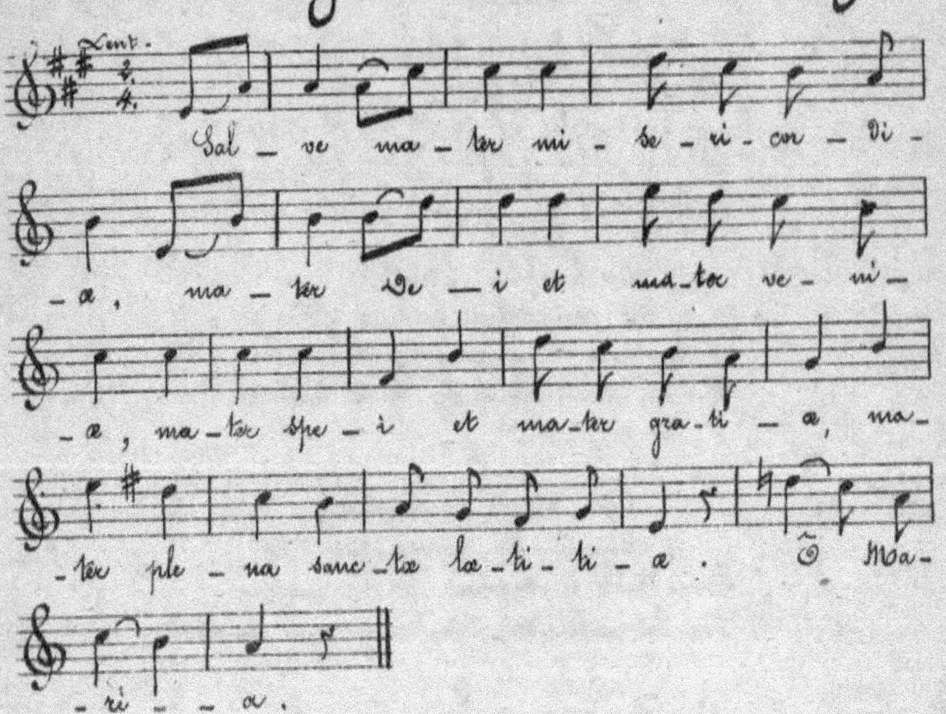

2.

Salve, decus humani generis
Salve, Virgo dignior cæteris,
Quæ virgines omnes transgrederis
Et altius sedes superis
Ô Maria.

3.

Salve, virgo cæteris purior
Virginibus gradu sublimior
Super omnes aspectu pulchrior
Et in sanctis post Deum sanctior.
Ô Maria.

4.

Summi regis mater et filia
Cui nullus par est in gloria
Tua, Virgo, dulcis clementia
Supplicantibus sit propitia.
O Maria.

5.

Te beatam laudare cupiunt
Omnes justi, sed non sufficiunt;
Multas laudes de te concipiunt
Sed in illis prorsus deficiunt
O Maria.

6.

Esto, Mater, nostrum solatium,
Nostrum esto, tu Virgo, gaudium,
Et nos tandem post hoc exilium
Laetos junge choris cœlestium
O Maria.

Nº 36. Prévenons les feux de l'aurore.
Pré _ ve _ nons les feux de l'au _ ro _ re, mar _
chons pré _ ci _ pi _ tons nos pas; La vier _ ge nous ap _
pelle en _ co _ re al _ lons nous je ter dans ses bras.
al _ lons of _ frir à notre mè _ re un
cœur brû _ lant de son a _ mour, con _ sa _ crons dans son
sanc _ tu _ ai _ re les pré _ mi _ ces d'un si beau
jour, con _ sa _ crons dans son sanc _ tu _ ai _ re les
pré _ mi _ ces d'un si beau jour, les pré _ mi _ ces d'un si beau jour.

2.

Justes, son amour vous invite,
Votre mère vous tend la main ;
Qu'à sa voix votre cœur palpite
Venez reposer dans son sein.
Allons &c.

3.

Pécheur son amour te réclame,
Pour toi son cœur est alarmé ;
Ton crime a déchiré son âme,
Mais un fils est toujours aimé.
Allons &c.

4.

Elle reconnut au Calvaire
Jésus dans l'homme de douleurs ,
Elle va se montrer ta mère
En te couvrant aussi de pleurs.
Allons &c.

5.

Vous que la fortune cruelle
Paraît poursuivre sans retour,
Chaque jour venez auprès d'elle
Chercher le pain de chaque jour
Allons &c.

6.

Pauvre elle-même sur la terre,
Marie entendra vos accents ;
Des orphelins elle est la mère,
Les malheureux sont ses enfants
Allons &c.

N.° 37. Ave maris Stella.

2.

Sumens illud ave,
Gabrielis ore,
Funda nos in pace,
Mutans Evæ nomen.

3.

Solve vincla reis,
Profer lumen cæcis,
Mala nostra pelle
Bona cuncta posce.

4.

Monstra te esse matrem,
Sumat per te preces,
Qui pro nobis natus
Tulit esse tuus.

5.

Virgo singularis
Inter omnes mitis
Nos culpis solutos
Mites fac et castos.

6.

Vitam præsta puram,
Iter para tutum
Ut videntes Jesum
Semper collætemur.

7.

Sit laus Deo Patri,
Summo Christo decus;
Spiritui Sancto
Tribus honor unus.

Amen.

Nº 38. Hymne de St Casimir.

2.

C'est le lys de la vallée
Dont le parfum précieux
Sur la terre désolée
Attira le Roi des cieux
De Marie B.

3.

C'est la Vierge incomparable
Gloire et Salut d'Israël,
Qui pour un monde coupable
Fléchit le courroux du ciel.
De Marie &c.

4.

Ah! vous seuls pouvez nous dire,
Mortels qui l'avez goûté,
Combien douce est son empire,
Combien grande est sa bonté.
De Marie &c.

5.

En vain l'enfer en furie
Frémirait autour de nous;
Si nous invoquons Marie,
Nous braverons son courroux
De Marie &c.

6.

Oui, je veux, ô tendre mère,
Jusqu'à mon dernier soupir
T'aimer, te servir, te plaire,
Et pour toi vivre et mourir.
De Marie &c.

Nº 39. Bonheur d'être à Dieu.

2.

En vain la fortune couronne
Du pécheur les moindres désirs ;
Le remords cruel empoisonne
Les plus vantés de ses plaisirs.

3.

Qui se laisse prendre à tes charmes,
Trop séduisante volupté
Expiera bientôt dans les larmes
Le plaisir qu'il aura goûté.

4.

Le moment d'une folle ivresse
Fait place à celui des regrets ;
Ce bonheur qu'il poursuit sans cesse
Le mondain ne l'aura jamais.

5.

Seigneur, de ma tranquille vie
Rien ne saurait troubler le cours ;
La paix ne peut être ravie
A qui veut vous aimer toujours.

6.

L'espoir d'une gloire immortelle
Et d'un bonheur toujours nouveau
Sème de fleurs pour le fidèle
Les bords si tristes du tombeau.

7.

Mon Dieu, j'y descendrai sans crainte,
Espérant des bras de la mort
Voler vers ta demeure Sainte,
En chantant dans un doux transport.
Heureux ils.

Nᵒ 40. Vanités du monde.

2.

Telles qu'on voit les fleurs,
Avec leurs vives couleurs,
Eclore, s'épanouir,
Se faner, tomber et périr,
Tel est des vains attraits
Le partage
Tel l'éclat, les traits
Du bel âge,
Après quelques jours
Perdent leur beauté pour toujours.

3.

En vain pour être heureux
Le jeune voluptueux
Se plonge dans les douceurs
Qu'offrent les mondains séducteurs :
Puis il suit les plaisirs
Qui l'enchantent,
Et moins ses désirs
Se contentent,
Le bonheur le fuit
À mesure qu'il le poursuit.

4.

Que doivent devenir
Pour l'homme qui doit mourir
Ces biens longtemps amassés,
Cet argent cet or entassés ?
Tut-il du genre humain
Seul le maître,
Pour lui tout enfin
Cesse d'être ;
Au jour de son deuil
Il n'a plus à lui qu'un cercueil.

5.

Ols : Combien malheureux
Est l'homme présomptueux
Qui dans ce monde trompeur
Croit pouvoir trouver son bonheur :
Dieu seul est immortel,
Immuable,
Seul grand, éternel,
Seul aimable.
Avec son secours,
Donnons-nous à lui pour toujours.

Nº 41. Descends des Cieux.

2.

Tendre Jésus, ton amour me dévore,
Mon âme en toi tressaille nuit et jour.

3.

Monde insensé, pour jamais je t'abhorre !
En moi Jésus vient fixer son séjour.

4.

O douce paix que le pécheur ignore !
O pain vivant de la céleste cour !

5.

À tes bienfaits daigne ajouter encore
Le doux bienfait d'un éternel amour.

6.

Viens donc enfin dans mon cœur qui t'implore,
Verser la paix, l'espérance et l'amour.

Nᵒ 42. Le chant du soir.

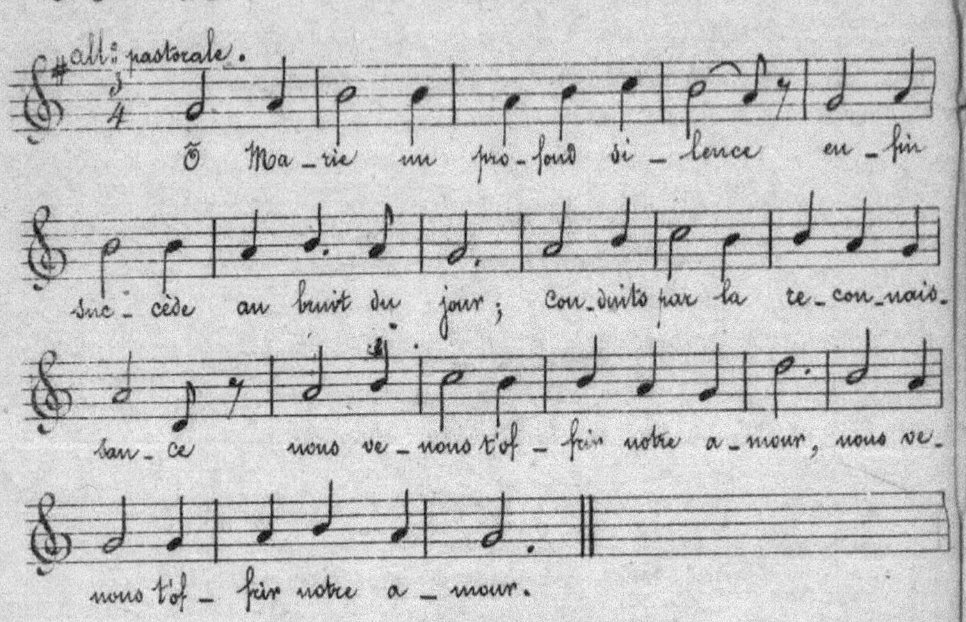

2.

Avec respect, ô tendre mère,
Souveraine auguste du Ciel,
Les enfants dans ce Sanctuaire
Se courbent devant ton autel.

3.

Les cœurs où règne l'innocence
Sont pour toi les plus belles fleurs,
Et sur eux avec Complaisance
Tu répands tes douces faveurs.

4.

Mère, que tout le monde implore,
Ces enfants t'aimeront toujours ;
Nous sommes tous à notre aurore
Pour nous fais luire d'heureux jour.

5.

Mais déjà, Vierge bien heureuse,
L'ombre s'incline sur nos champs ;
Déjà la nuit silencieuse
Vient mettre fin à nos doux chants.

6.

Mais quand aux regards de l'aurore
S'ouvriront de nouvelles fleurs,
À l'envi nous viendrons encore
Te les offrir avec nos cœurs.

———

№ 43 Omni die.

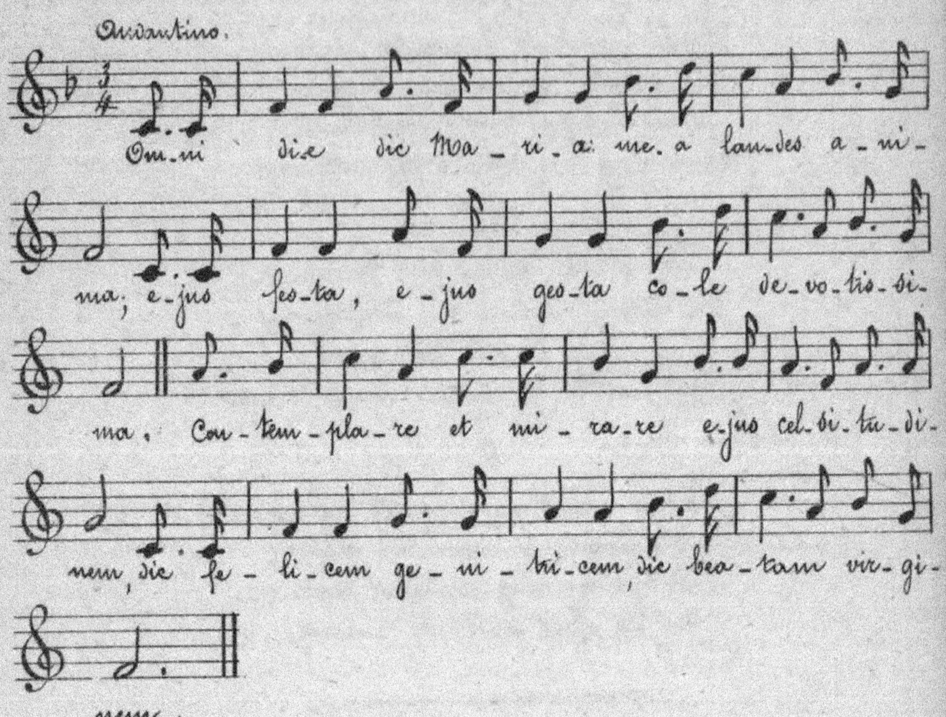

2.

Sine fine
Dic reginæ
Mundi laudum cantica.
Hujus bona
Semper sona
Semper illa prædica
Contemplare ts.

3.

Clemens audi
Tuæ laudi
Quos instantes aspicis
Munda reos
Et fac eos
Bonis dignos cœlicis
Contemplare ℟.

4.

O Cunctarum
Fœminarum
Decus atque gloria
Quam electam
Et evectam
Scimus super omnia.
Contemplare ℟.

5.

Omnes mei
Sensus ei
Personate gloriam
Frequentate
Tam beatæ
Virginis memoriam.
Contemplare ℟.

6.

Per te mundus
Lætabundus
Novo fulget lumine
Antiquarum
Tenebrarum
Exutus caligine
Contemplare ℟.

7.

Commendare
Me dignare
Christo tuo filio
Ut non Cadam
Sed evadam
De mundi naufragio.
Contemplare ℟.

———

N.º 44. Mon bien aimé ne paraît pas encore.
Andante
Mon bien ai _ mé ne pa-roît pas en -
co _ re, trop lon _ gue nuit du _ re _ ras _ tu tou -
jours! tar _ dive au _ ro _ re, hâ _ te tón
cours, rends moi Jé _ sus; ma joie et mes a _
mours, mon doux Jé _ sus que j'aime et que j'im _
plo _ _ re; mon doux Jé _ sus que
j'aime et que j'im _ plo _ _ re.
2.
De ton flambeau déjà les étincelles,
Astre du jour, raniment mes désirs,
Tu renouvelles
Tous mes soupirs.
Servez mes vœux, avancez mes plaisirs,
Anges du ciel, portez moi sur vos ailes.

3.

Je t'aperçois, asile redoutable,
Où l'éternel descend de sa grandeur
Temple adorable
Du Rédempteur;
Si dans tes murs il voile sa splendeur,
Ce Dieu d'amour n'en est que plus aimable.

4.

Sans nul éclat le vrai Dieu va paraître,
De cet autel il vient s'unir à moi.
Est-ce mon maître?
Est-ce mon roi?
Laissez mes yeux, laissez agir ma foi:
Un œil chrétien ne peut le méconnaître.

Nᵒ 45. Étoile des mers.

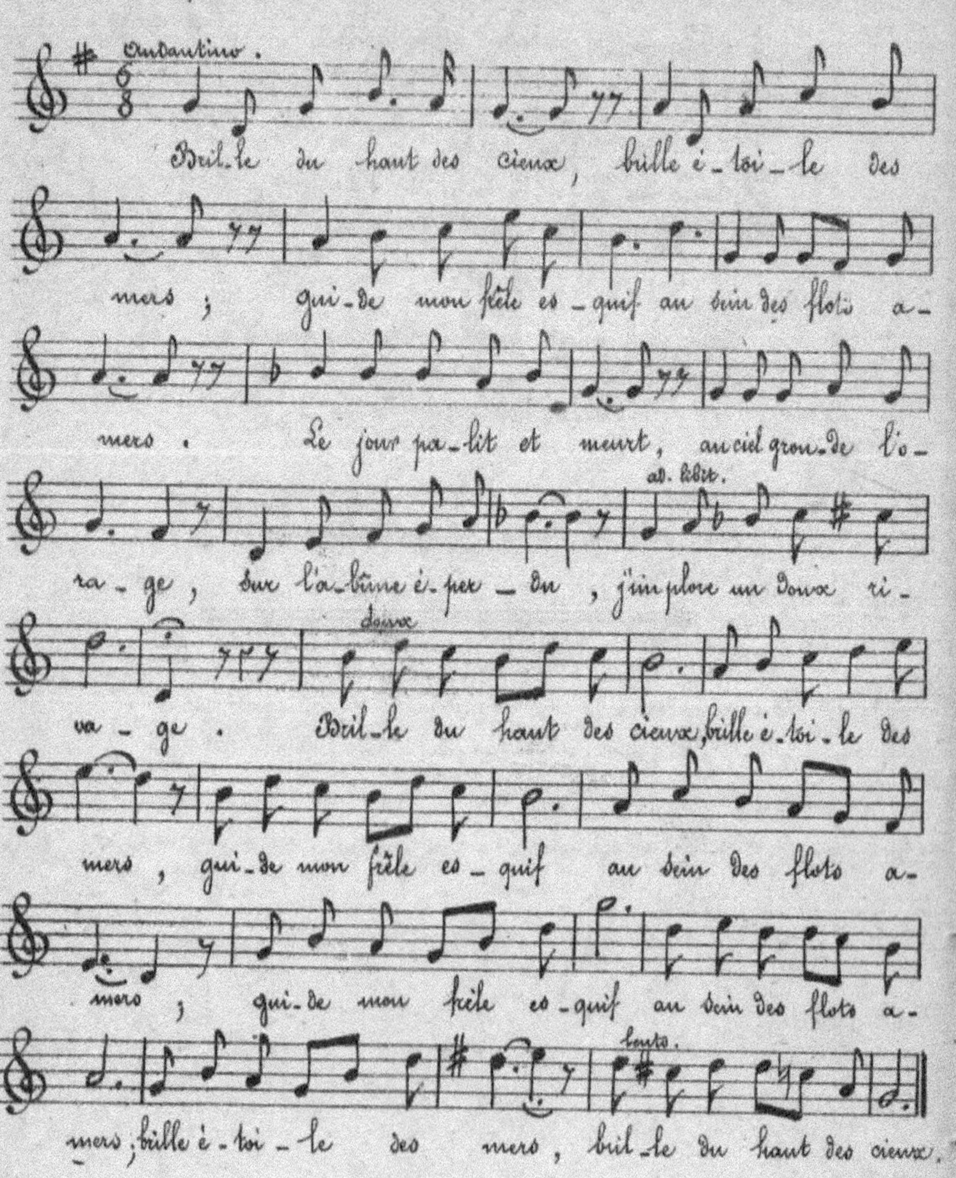

2.

Quand sa barque dévie, après un cours heureux,
Le nautonnier t'invoque et tu bénis ses vœux :
Tu chasses la tempête, ô bienfaisante étoile
Et jusqu'au port lointain tu diriges sa voile.
          Brille &c...

3.

O toi qui prends pitié des pauvres matelots,
Vois ma nacelle errante au milieu des flots ;
Étoile du matin, quelle nuit m'environne !
Plus d'espoir si jamais ta clarté m'abandonne.
          Brille &c...

4.

Parais, phare que j'aime, à l'horizon du soir ;
Brille sur les écueils, tu nous rendras l'espoir :
Tu nous rendras nos jours, nos beaux jours sans nuage,
          Et nous arriverons au céleste rivage.

Nº 46. Doux chants à Marie.

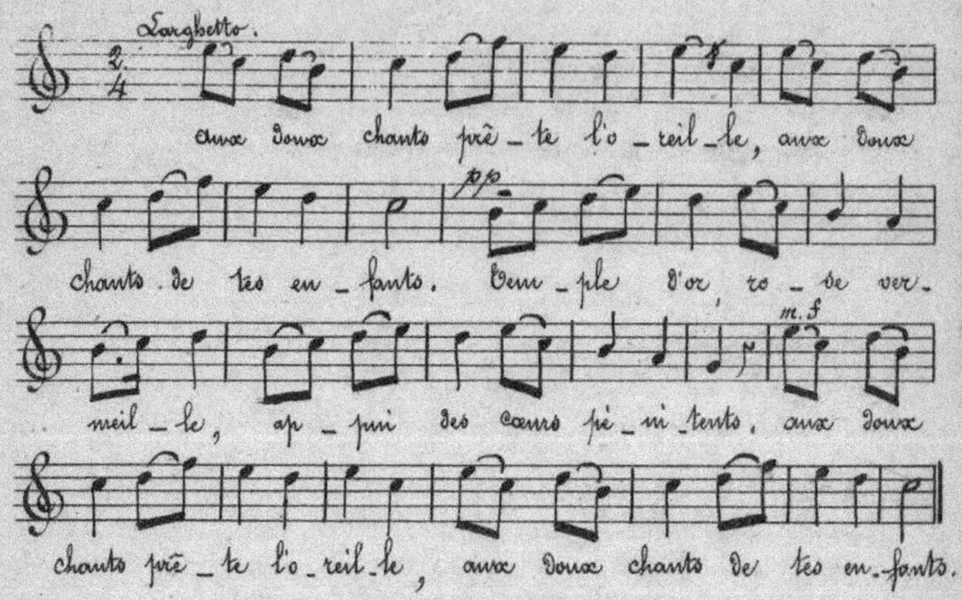

2.

De nos fleurs
Reçois l'hommage,
De nos fleurs
Et de nos Cœurs (Fin.)
Ces présents seront le gage
De tes plus douces faveurs.
De nos fleurs &.

3.

En ce jour
Oh ! je te donne,
En ce jour
Tout mon amour (Fin)
Fleur du Ciel Vierge si bonne
Viens nous bénir en retour
En ce jour &c.

4.

Mon honneur
Est de te plaire
Mon honneur
Et mon bonheur (Fin)
Exauce notre prière,
Vierge mère du Sauveur.
Mon bonheur &c.

5.

Viens toujours,
O tendre mère,
Viens toujours
À mon secours (Fin)
Pour sauver notre misère
À toi nous avons recours.
Viens toujours &c.

____

Nᵒ 47. Vous êtes notre espérance.

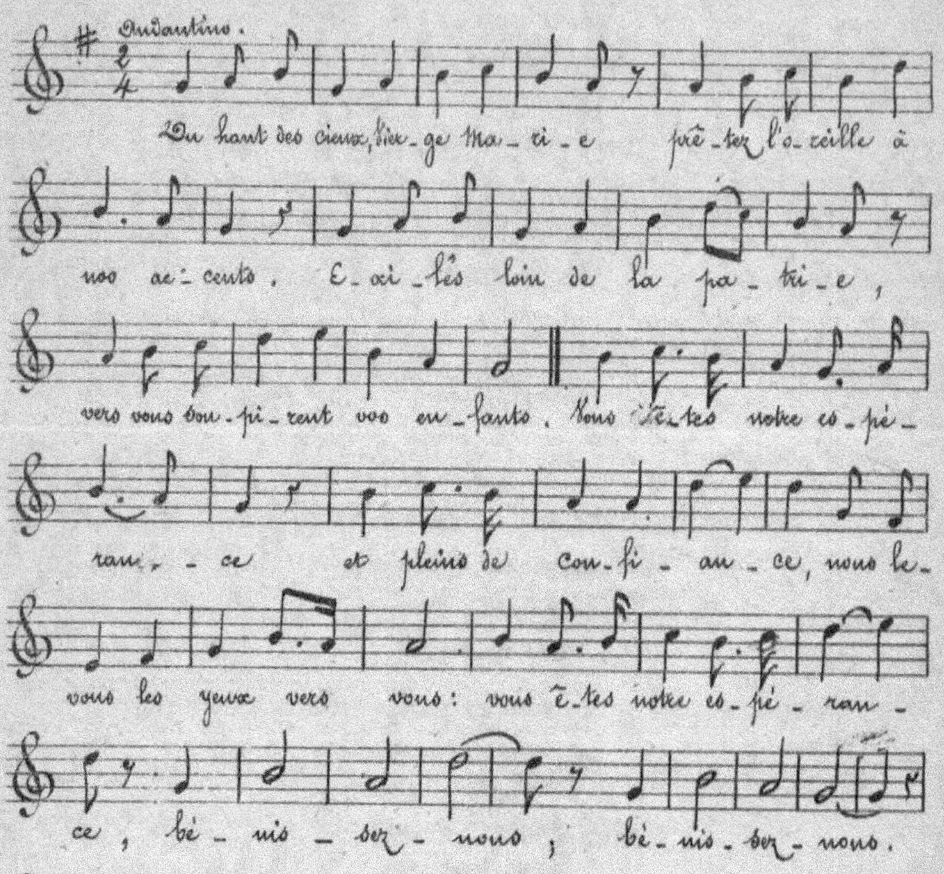

2.

Votre nom seul, auguste mère,
Est un parfum délicieux,
Il nous Console sur la terre,
Il ravit les anges des Cieux
Vous êtes vs . .

3.

L'enfant, guidé par sa tendresse
Sur votre autel offre des fleurs ;
Dans les transports de l'allégresse,
Il redit vos douces faveurs
Vous êtes Ds.

4.

L'orphelin vous nomme sa mère,
Il implore votre secours ;
Vous souriez à sa prière,
Votre main le bénit toujours.
Vous êtes Ds.

5.

Vos enfants sur la mer du monde
Bravent les écueils et la mort ;
Votre main partout les seconde,
Et les dirige vers le port.
" Vous êtes Ds . .

Nº 48. Qu'ils sont aimés.

2.

Qu'il est heureux celui qui te contemple
Et qui soupire au pied de tes autels!
Un seul moment qu'on passe dans ton temple
Vaut mieux qu'un siècle au palais des mortels.

3.

Je nage au sein des plus pures délices;
Le ciel entier, le ciel est dans mon cœur.
Dieu de bonté, de faibles sacrifices
Méritaient-ils cet excès debonheur?

4.

Autour de moi les anges en silence
D'un Dieu caché contemplent la Splendeur
Anéantis en sa sainte présence,
O Chérubins, enviez mon bonheur.

5.

Et je pourrais à ce monde qui passe
Donner un cœur de Dieu même habité!
Non, non, Seigneur, je puis tout par ta grâce,
Mais sauve-moi de ma fragilité.

N.º 49. Serment du chrétien.
tempo di marcia
Sa_lut, ai _ma _ble Sanc_tu _ai _ _ re
On tous les jours nous re_ve_nons vi_si_ter notre au_gus_te
mè _ re, et nous en_ri _ chir de ses dons. En ce
jour, ô Vier_ge bé _ ni_e, nous con_fi_ons un ser_ment à tôu
cœur, nous le ju_rons sur l'au_tel de Ma _ ri_e, à la
vie, à la mort nous som_mes au Sei_gneur, nous le ju_
rons sur l'au_tel de Ma_ri_e, à la vie, à la mort nous
som_mes au Sei _ gneur .

2.

Dès l'asile où la providence
Nous entoure de tant d'amour,
Tout protège notre innocence...
Mais les dangers viendront un jour.
Dans les tempêtes de la vie,
N'oublions pas le serment de l'honneur.
Nous le jurons ℣.

3.

Devant nous l'impie en démence
Blasphémera nos dogmes saints :
Mais nous, fiers de notre croyance,
Nous nous rirons de ses dédains.
Jamais les clameurs de l'impie
N'ébranleront la foi dans notre cœur;
Nous le jurons ℣.

4.

Viennent les plaisirs de la terre,
Nous étaler leurs vains appas :
Nous penserons à notre mère,
Et nous ne défaillerons pas.
Ton exemple, ô Vierge nous crie
De bien garder l'innocence du cœur
Nous le jurons ℣.

5

La vie est un pèlerinage,
Qui mène au séjour éternel :
Malheur à qui dans le voyage
S'arrête à quelque objet mortel:
Les yeux fixés sur la patrie,
Marchons toujours, pleins d'une sainte ardeur.
Nous le jurons ℣.

N.º 50. Recueillons-nous.

2.

Disparaissez, vains objets de la terre,
Vous n'aurez plus d'empire sur mon cœur,
En Jésus seul il trouve son bonheur ;
C'est à Jésus seul qu'il veut plaire.
Oui, Seigneur, dès ce jour,
Sans retour, Dieu suprême.
Je vous aime
Du plus tendre amour ;
Les faux plaisirs vaine idole,
Oui, je t'immole,
C'est pour toujours.

Nº 51. L'autel de Marie.

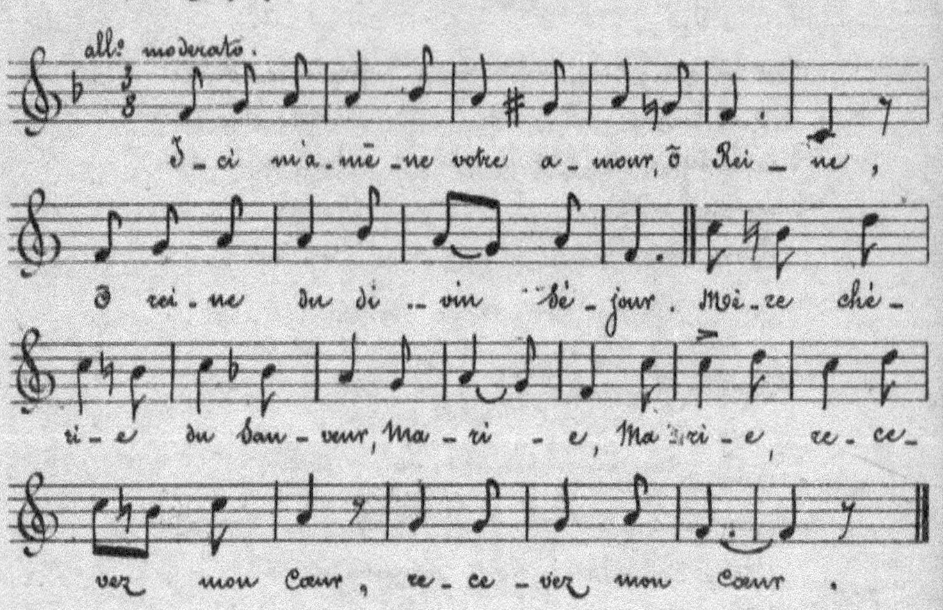

<table>
<tr><td>

2.

Dans cette enceinte
Je prierai ;
Sans Crainte (Bis)
J'y reposerai.
Mère chérie &c.

</td><td>

3.

Quelle tendresse !
Votre cœur
Sans cesse (Bis)
S'ouvre à tout pécheur.
Mère chérie &c.

</td></tr>
</table>

4.

C'est un asile
Où toujours
Tranquille (Bis)
On coule des jours
Mère chérie &c.

5.

C'est là que l'âme,
Quel bonheur !
S'enflamme (Bis)
D'une vive ardeur.
Mère chérie &c.

6.

Avec la Reine
Des élus
Sans peine (Bis)
On trouve Jésus.
Mère chérie &c.

7.

Domptez l'audace
De Satan ;
De grâce (Bis)
Sauvez votre enfant.
Mère chérie &c.

8.

Ah ! sous votre aile
Rendez-moi
Fidèle (Bis)
À mon divin Roi.
Mère chérie &c.

N.º 52. Marie notre patronne.

2.

Marie au pécheur qui l'offense
Obtient la grâce du pardon,
Et du pauvre dans l'indigence
Elle console l'abandon.
Marie H.

3.

Fidèle au fils de sa tendresse,
Sa main me bénit chaque jour
Et moi, fidèle à ma promesse,
Je lui redis : amour ! amour !
   Marie B.

4.

Pauvre exilé sur cette terre,
Je sais un charme à mes douleurs,
Lever les yeux vers vous, ma mère,
C'est recouvrir la paix du cœur.
   Marie B.

5.

Un jour sur le bord de la tombe
A tout il faudra dire : Adieu !...
Ne permets pas que je succombe,
O Vierge, Conduis-moi vers Dieu.

N.º 53.   Soupirs de l'exilé.

2.

O vous dont l'aimable clémence
Toujours sourit aux malheureux,
J'ai mis en vous mon espérance;
Sur moi, Reine du ciel, sur moi jetez les yeux.
Oh! quand viendra-t-il!

3.

Hâtez, puissante souveraine,
L'aurore qu'appellent mes vœux!
Brisez, brisez la dure chaîne
Qui me retient captif loin de vous dans ces lieux.
Oh! quand viendra-t-il.

4.

Que dans vos bras, mère chérie,
Je m'élance au gré de mon cœur!
Vierge sainte, douce Marie,
Abrégez mon exil, finissez mon malheur.
Oh! quand viendra-t-il.

5.

Bientôt sur ses rapides ailes
Que l'ange, exauçant mes désirs,
Me porte aux voûtes éternelles,
Pour vous voir à jamais, vous chanter, vous bénir!
Oh! quand viendra-t-il.

———————

№ 54. Adeste fideles.

2.

En grege relicto, humiles ad cunas
Vocati, pastores approperant.
Et nos ovanti gradu festinemus;
Venite &c.,

3.

Æterni parentis splendorem æternum
Velatum sub carne videbimus ;
Deum infantem pannis involutum :
Venite &c...

4.

Pro nobis egenum et feno cubantem
Piis foveamus amplexibus ;
Sic nos amantem quis non redamaret ?
Venite &c...

Nº 55. Dieu va deployer sa puissance.

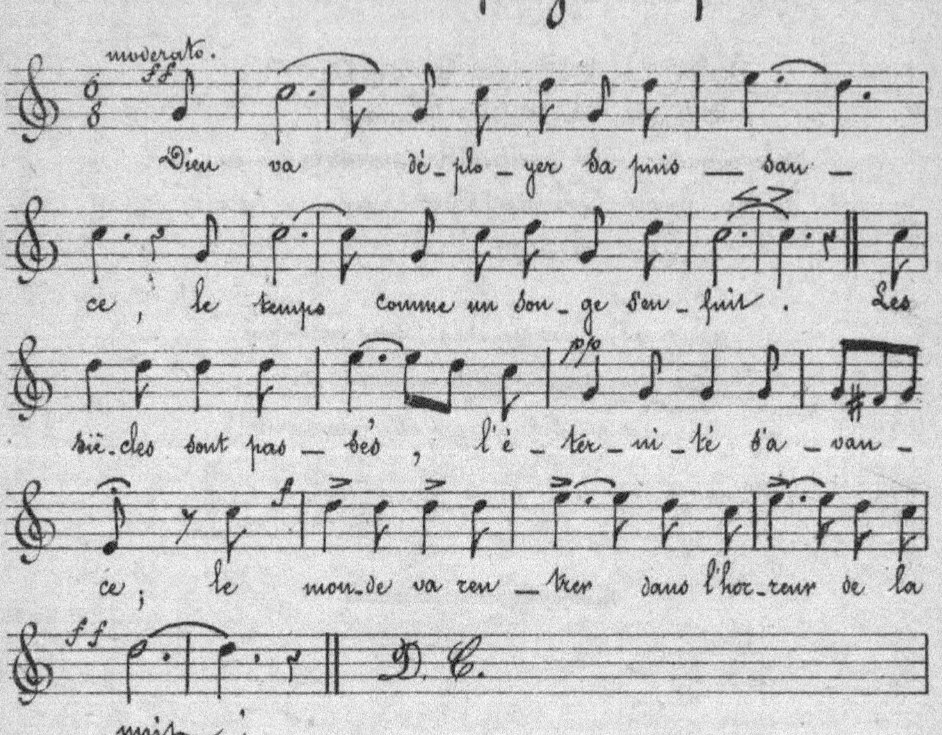

2.

J'entends la trompette effrayante ;
Quel bruit, quels lugubres éclairs !
Le Seigneur a lancé sa foudre étincelante
Et ses feux dévorants embrasent l'univers.
Dieu va &c..

3.

Sortez des tombeaux, ô poussière
Dépouille des frêles humains !
Le Seigneur vous appelle, il vous rend la lumière ;
Il va sonder vos cœurs et fixer vos destins
Dieu va B.

4.

Il vient . . . Tout est dans le silence ;
Sa croix porte au loin la terreur,
Le pécheur consterné frémit en sa présence,
Et le juste lui-même est saisi de frayeur.
Dieu va B.

5.

De tes jugements, Dieu sévère,
Pourrai-je subir les rigueurs ?
J'ai péché, mais ton sang désarme ta colère ;
J'ai péché, mais mon crime est noyé dans mes pleurs.
Dieu va B.

N:56. Sentiments de Contrition.

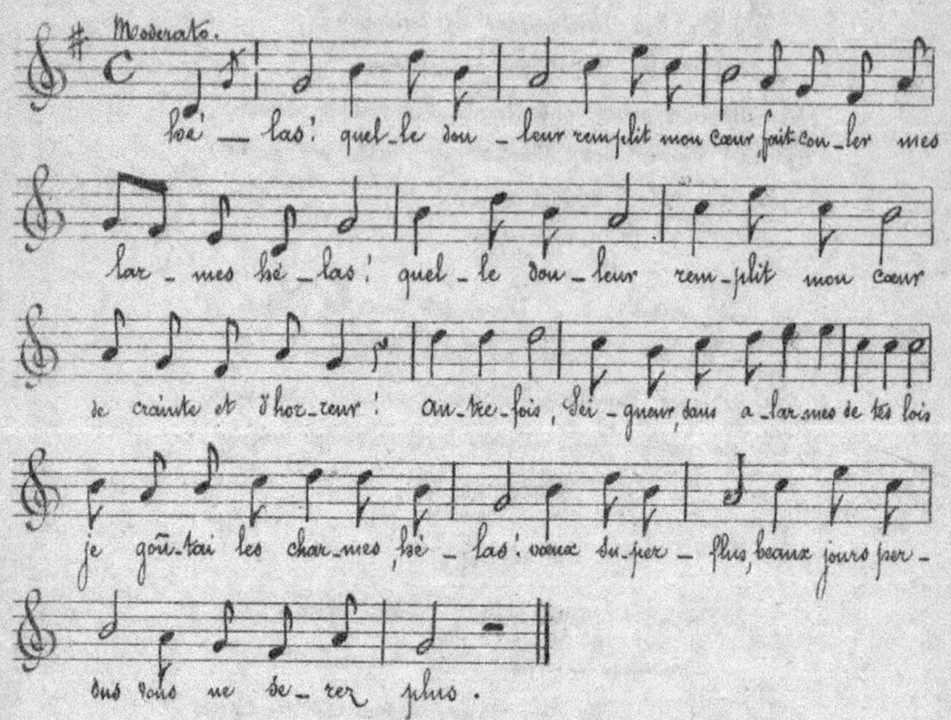

2.

1°. _ La mort
Déjà me suit,
O triste nuit!
Déjà je succombe.
La mort
Déjà me suit,
Le monde fuit
Tout s'évanouit.

2°. _ Je la vois
Entr'ouvant ma tombe;
Et sa voix
M'appelle et j'y tombe.
O mort!
Cruelle mort!
Si jeune encor!
Quel funeste sort!

3.

Grand Dieu!
Quel jour affreux
Luit à mes yeux!
Quel horrible abîme,
Grand Dieu!
Quel jour affreux
Luit à mes yeux!
Quels lugubres feux!
Oui l'enfer,
Vengeur de mon crime
Est ouvert,
Attend sa victime,
Grand Dieu!
Quel avenir!
Pleurer, gémir!
Toujours te haïr!

4.

Beau ciel!
Je t'ai perdu;
Je t'ai rendu
Pour de vains caprices
Beau ciel!
Je t'ai perdu;
Je t'ai vendu!
Regret superflu!
Loin de toi
Toutes les délices
Sont pour moi
De nouveaux supplices.
Beau ciel!
Toi que j'aimais,
Qui me charmais,
Ne te voir jamais!

5.

Non, non,
C'est une erreur;
Dans mon malheur,
Hélas, je m'oublie.
Non, non,
C'est une erreur.
Dans mon malheur
Je trouve un Sauveur.
Il m'entend,
Me réconcilie:
Dans son sang
Je reprends la vie.
Non, non
Je l'aime encor,
Et le remords
A changé mon sort.

6.

Jésus,
Manne des Cieux,
Pain des heureux
Mon cœur te réclame.
Jésus!
Manne des Cieux,
Pain des heureux
Viens combler mes vœux
Désormais,
Ta divine flamme
Pour jamais
Embrase mon âme.
Jésus!
O mon Sauveur?
Fais de mon cœur
L'éternel bonheur.

Nº 57.   Au secours.

2.

Egaré sur la mer du monde,
mon esquif vogue loin du port :
En écueils elle est si féconde.
Hélas! Quel sera donc mon sort?
Au Secours etc.

3.

Tu le vois, ma frèle nacelle
Est le jouet de l'ouragan;
Marie étends sur moi ton aile
Sauve-moi je suis ton enfant.
Au Secours &.

4.

La mort de sa triste victime
N'attend que le dernier soupir
Je tombe au fond du noir abîme
Si tu ne viens me secourir.
Au Secours &.

5.

Parais, étoile salutaire;
Chasse les ombres de la mort,
Que ta bienfaisante lumière
Me montre le chemin du port.
Au Secours &.

Nº 58. Contemple en silence.

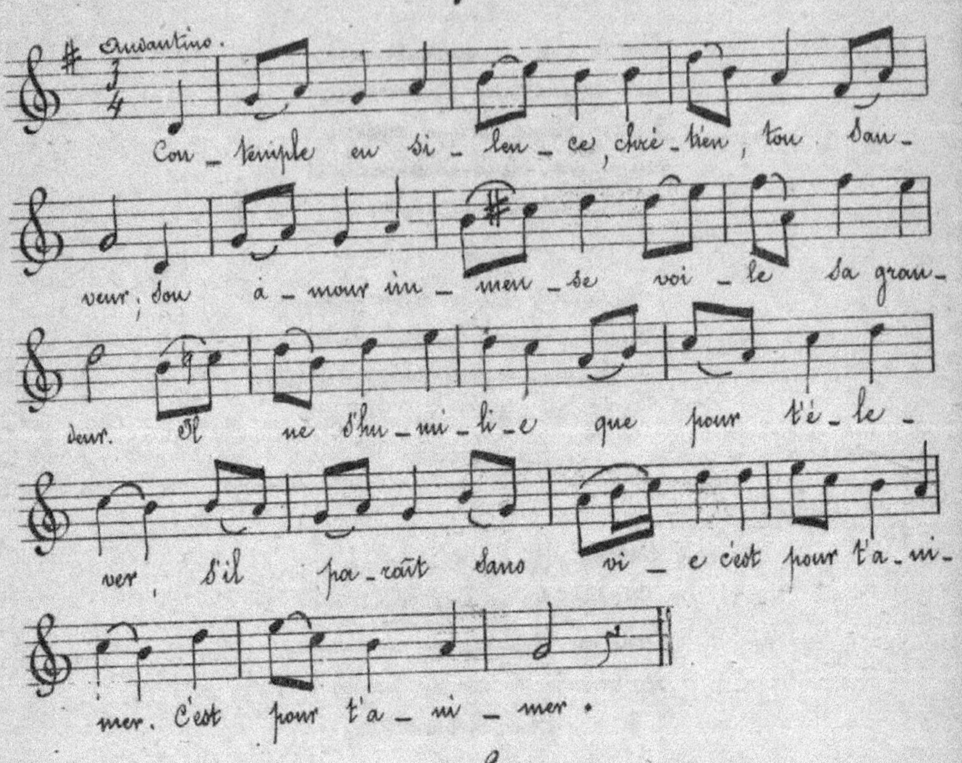

2.

Grand Dieu, votre gloire
Peut donc s'éclipser ?
Sans voir je dois croire
Et vous adorer.
En vous seul j'espère,
O Roi tout puissant ?
J'aime et je révère
Votre abaissement (Bis).

3.

O profond mystère!
Le verbe éternel
S'offre à Dieu son père
Pour nous sur l'autel.
Ce grand sacrifice
Source des bienfaits,
Rend le ciel propice
Et donne la paix (Bis).

———

Nº 50. Esprit saint descendez en nous.

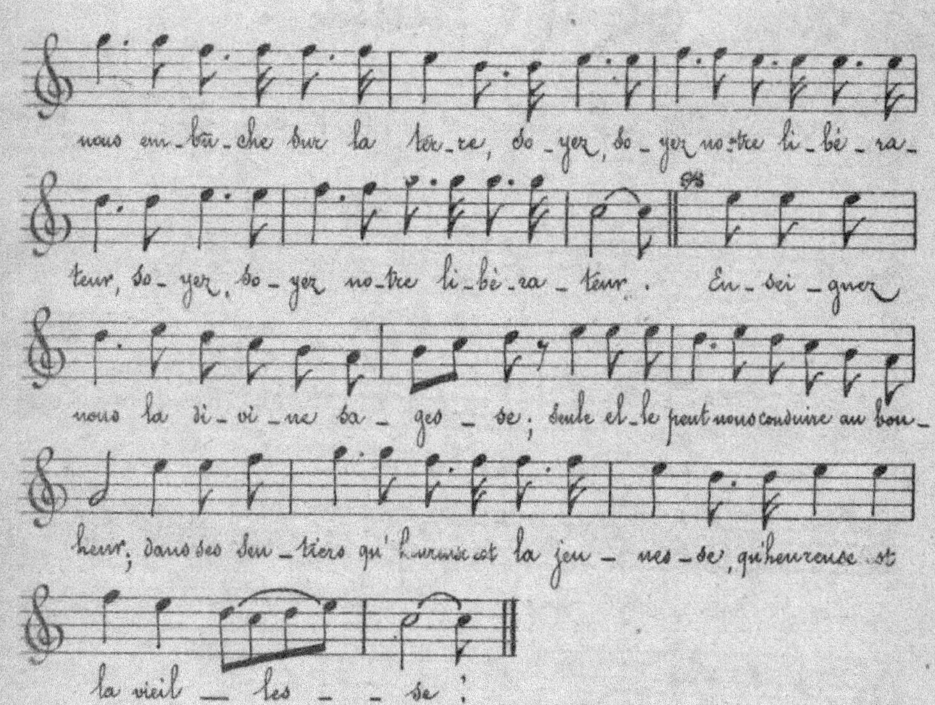

nous em_bû_che sur la ter_re, so _yez, so _yez no_tre li_bé _ra_
teur, so_ yez, so _ yez no_tre li_bé _ra _ teur.   En _ sei _ gnez
nous la di_vi _ne sa _ ges _ se, seule el_le peut nous conduire au bon_
heur; dans ses sen _ tiers qu'harmise et la jeu _ nes_se, qui heureuse et
la vieil _ les _ _ se:

N.º 60. À ton autel.

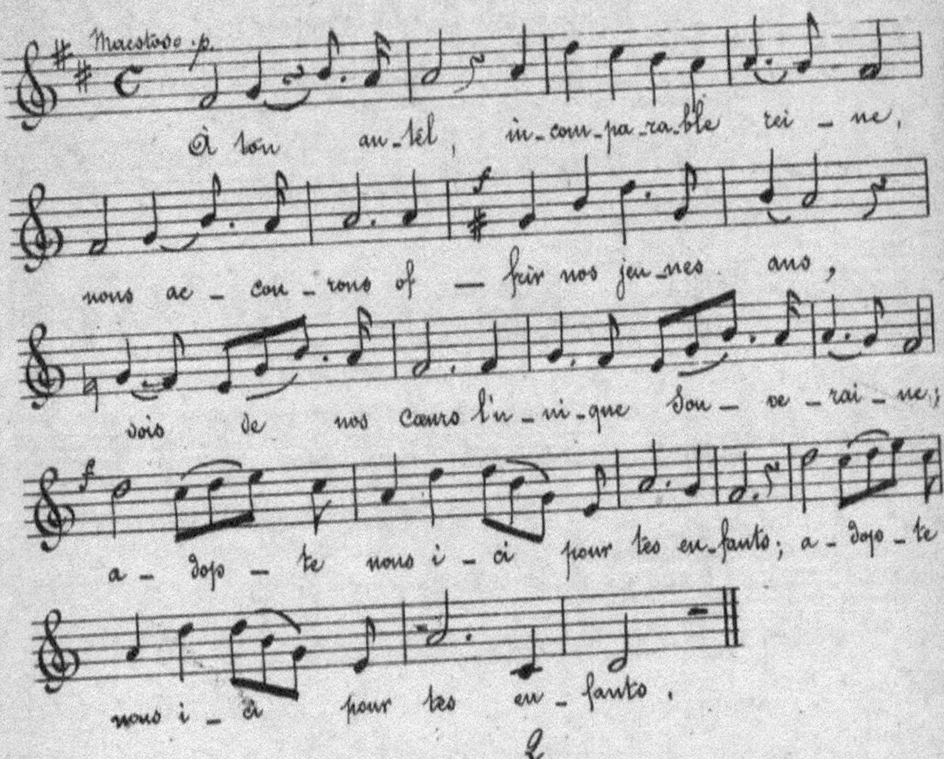

2.

Sans ton appui, dans ce lieu de misère,
Nous ne pouvons que tomber et périr ;
Marie, tu vois notre douleur amère,
Nous gémissons et ton cœur va s'ouvrir.

3.

Ah! dans ce cœur nous cacherons nos larmes :
C'est le séjour de la paix, du bonheur :
Heureux qui peut en connaître les charmes.
Heureux qui peut en goûter la douceur.

4.

L'astre du Soir de sa faible lumière
Guide les pas du tremblant Voyageur,
Pour nous Sauver, Marie notre mère,
Ainsi vers nous tends ton bras protecteur.

5.

Que ton autel Soit notre unique asile,
Jusqu'au trépas Sois-y notre Secours,
Nous l'espérons et notre cœur tranquille
En se glaçant t'invoquera toujours.

Nº 61. Renouvellement des vœux du baptême.

2.

En vain à ma foi soumise
J'oppose un orgueil trompeur :
Sur les traces de l'Église,
Puis-je marcher dans l'erreur ?
Trinité sainte,
Je te confesse et je crois,
Et je t'adore trois fois,
Pénétré d'amour et de crainte
Foi de nos pères &c.

3.

Annoncé par mille oracles,
Et de la terre l'espoir,
L'homme-Dieu par ses miracles
Fait éclater son pouvoir ;
Victime pure,
Il triomphe du trépas,
Et je n'adorerais pas
En lui l'auteur de la nature !
Foi de nos pères &c.

4.

Par un funeste héritage
Nos parents avant le jour.
Nous transmirent en partage
La haine d'un Dieu d'amour.

J'implore et crie...
Dieu n'écoute pas mes pleurs;
Mais Jésus a dit: Je meurs,
Et sa mort me rend à la Vie
Foi de nos pères &.

5.

De quel œil de Complaisance
Vous me vîtes ô mon Dieu!
Quand revêtu d'innocence
On m'emporta du Saint lieu!
Pensée amère!
O beau jour trop tôt passé?
Hélas je me suis lassé,
Mon Dieu, de vous avoir pour père!
Foi de nos pères &.

6.

Loin de ces tentes coupables
Où s'agite le pécheur,
Sous vos pavillons aimables
J'irai jouir du bonheur.
Avant l'aurore
Mon Cœur vous appellera,
Et quand le jour finira
Mes chants vous béniront encore.
Foi de nos pères &.

Table des cantiques.

Fin.